Adolf Hauser

Die Gedichte des Horaz

Adolf Hauser

Die Gedichte des Horaz

ISBN/EAN: 9783742899828

Hergestellt in Europa, USA, Kanada, Australien, Japan

Cover: Foto ©Thomas Meinert / pixelio.de

Manufactured and distributed by brebook publishing software
(www.brebook.com)

Adolf Hauser

Die Gedichte des Horaz

Willst den Dichter Du verstehen,
Musst in Dichters Lande gehen.

Vorwort.

In den zum klassischen Unterrichte bestimmten Schulbüchern werden unserer reiferen Gymnasialjugend nicht selten noch metrisch-musikalische Theorieen vorgetragen, die nicht mehr als ganz zeitgemäss bezeichnet werden können. Da mag denn jeder bescheidene Versuch, die Bedürfnisse des Unterrichts mit den Resultaten der Metrik und Musik in Einklang zu setzen, auf wohlwollende Prüfung hoffen. Wilhelm Brambach's Bearbeitung der Sophokleischen Gesänge dürfte dabei als ein Vorbild von knapper Gediegenheit zu betrachten sein.

Lahr, Sonntag Cantate 1874.

Allgemeiner Theil.

§ 1.

Das zum Aussprechen einer kurzen Sylbe erforderliche Zeitmass (mora) ist das Grundmass der zeitlichen Sylbenmessung der Wörter; die Aussprache einer langen Sylbe (—) nimmt das doppelte Zeitmass einer kurzen (⌣) in Anspruch. Jedes mehrsylbige Wort erhält durch die starke Betonung einer einzelnen Sylbe (den bei den Römern barytonirenden Wortaccent) seine Einheit zum Verständnisse des Hörers. Für die Zeitmessung der einzelnen Sylben ist in der römischen (wie in der griechischen) Sprache lediglich die Quantität derselben massgebend.

§ 2.

Die zur Einheit eines Gedankens (Satzes) verbundenen Worte bieten dem Ohre einen nach den Gesetzen des Wortaccents und der Satzstellung und nach den Forderungen des rednerischen Wohllauts (des freien Rhythmus) sich richtenden, im Uebrigen willkührlichen Wechsel betonter und unbetonter Sylben.

Die lyrische Poesie, welche nirgends ihren ursprünglichen Zusammenhang mit Gesang und Tanz verleugnet, begnügt sich in der Regel nicht mit dem freien Rhythmus, dem ungebundenen Auf- und Niederwogen langer und kurzer, betonter und unbetonter Sylben. Die lyrischen Gedichte der Griechen und Römer namentlich waren zunächst zum Vortrage mit Gesang und Tanz bestimmt. Wie der Tänzer das Bedürfniss fühlt, in fester rhythmischer Folge den Fuss zu setzen (Thesis) und zu heben (Arsis) und so in harmonischer Bewegung den Reigen zu schlingen: so führte den Sänger die gleiche Nothwendigkeit zum gesetzmässigen rhythmischen Wechsel starkbetonter (accentuirter, Thesis) und schwachbetonter (nicht accentuirter) Sylben (Arsis), d. h. zum durch Accent, Takt und Tempo gebundenen Rhythmus, als der musikalischen Grundlage jeder Melodie.

§ 3.

Die Verbindung stark- und schwachbetonter Sylben im gebundenen (musikalischen) Rhythmus zu einer rhythmischen Einheit und die Abgrenzung der so einheitlich zusammengefassten Moren durch kleine gleiche Zeitabschnitte heisst ein Takt oder (wie die Alten auch sagten) ein Fuss (πούς).

Der Takt (Fuss) verbindet in der Metrik die Sylben rhythmisch nach ihrer Quantität, ohne weitere Rücksicht auf die durch den Wortaccent gegebene Einheit der einzelnen Wörter. Die Hebung der Stimme bei der rhythmisch stark betonten Sylbe des Taktes (Fusses) bezeichnet man (ganz im Gegensatze zur Terminologie der Alten, wie zu der der modernen Musik) als Arsis, die Senkung derselben bei der oder den schwachbetonten Sylben des Taktes (Fusses) als Thesis.

Die musikalische Bezeichnung des Aufschlages (Arsis) und Niederschlages (Thesis) des Taktschlages bei der leichten, bzw. schweren Zeit ist für die Metrik nicht im gleichen Sinne anwendbar, weil in der Musik der Accent stets auf der ersten Note des Taktes liegt.

In den Grundformen der metrischen Takte ist stets die erste Länge starkbetont (schwere Zeit); die anderen Moren sind schwachbetont (leichte Zeit). Durch die metrische Arsis oder Thesis stark oder schwach betonte Sylben sind also nicht identisch mit langen oder kurzen Sylben; in der neutralen Nebenform des Spondeus (— —) z. B. kann die erste wie die zweite Sylbe die starkbetonte sein.

§ 4.

Die Musik hat zur Bezeichnung der Elemente ihrer Takte, der Töne, je nach ihrer Zeitdauer, eine ganze Reihe von Tonzeichen (ganze und halbe, Viertel-, Achtel-, Sechszehntel-Noten u. s. w.) zu ihrer Verfügung. Der Metrik stehen nur zwei Zeichen ($\smile$ und —) zur Zeitmessung und Bezeichnung ihrer Töne, der Sylben, zu Gebote.

Die musikalische Taktordnung zählt in ihren Grundformen entweder zwei oder drei Takttheile in einem Takte: darnach gibt es eine zweitheilige oder gerade und eine dreitheilige oder ungerade Taktordnung.

In Uebereinstimmung mit diesen beiden Taktordnungen der Musik bezeichneten auch die alten Metriker, je nach der Quantität der zur metrischen Takteinheit verbundenen Sylben, die metrischen (zwei- oder dreisylbigen) Füsse (Takte) als entweder zur geraden oder ungeraden Taktordnung ($\gamma\acute{\epsilon}\nu o\varsigma$) gehörig. Die viersylbigen metrischen Füsse (Takte) stellen zusammengesetzte Takte dar.

Unter den hieraus sich ergebenden metrischen Taktarten der Alten kommen vorzugsweise in Betracht:
1) Die gerade (gleiche) Taktart ($\gamma\acute{\epsilon}\nu o\varsigma\ \ddot{\iota}\sigma o\nu$), in der sich die betonten Sylben zu den unbetonten wie 1:1 verhalten, wie beim Daktylus (— $\smile$ $\smile$), dem Anapäst ($\smile$ $\smile$ —) und der für Beide eintretenden Nebenform des Spondeus (— —);
2) Die (ungerade) doppelte Taktart ($\gamma\acute{\epsilon}\nu o\varsigma\ \delta\iota\pi\lambda\acute{\alpha}\sigma\iota o\nu$), wobei die betonten und unbetonten Sylben zu ein-

ander im Verhältniss von 1 : 2 stehen, wie beim Trocbäus (– ⌣), dem Jambus (⌣ –), der für Beide eintretenden Auflösung des Tribrachys (⌣ ⌣ ⌣), und bei dem Diplasiasmus aus Jambus: Jonicus a minore (⌣ ⌣ – –) und aus Trochäus : Jonicus a majore (– – ⌣ ⌣), endlich

3) Die (ungerade) anderthalbfache Taktart (γένος ἡμιόλιον): die betonten und unbetonten Sylben stehen im gegenseitigen Verhältniss von 2 : 3, wie beim Bacchius (⌣ – –), dem Antibacchius (– – ⌣) und dem Creticus (– ⌣ –), den drei Päonen.

Die Entstehung dieser Eintheilung wird im Folgenden aus der inneren Differenz der Elemente der Musik und der der Metrik klar werden.

§ 5.

Den einfachen geraden Taktarten der Musik lässt sich annähernd (omne simile claudicat!) in der Metrik der Spondeus (– –) als Zweieintel- oder Zweizweiteltakt, der Pyrrhichius (⌣ ⌣) als Zweivierteltakt zur Seite stellen: den einfachen ungeraden Taktarten dagegen der Molossus (– – –) als Dreizweitel- oder Dreivierteltakt, und der Tribrachys (⌣ ⌣ ⌣) als Dreiachteltakt. Gedichte in diesen einfachen geraden und ungeraden Taktarten hätten wie die entsprechenden Taktformen der musikalischen Motive den Nachtheil schwerer Monotonie zu tragen. Jene metrischen Füsse werden desshalb nur als Nebenformen oder Auflösungen für die eigentlichen Grundformen der metrischen Taktarten benützt.

Zusammengesetzte Taktarten entstehen musikalisch durch die Verbindung von zwei oder mehr einfachen geraden oder ungeraden Takten in grösseren Taktgrenzen. Den zusammengesetzten geraden Taktarten liesse sich der Dispondeus (– – – –) wie der Proceleusmaticus (⌣ ⌣ ⌣ ⌣) als Viervierteltakt zuweisen; die zusammengesetzten ungeraden Taktarten sind mit ihren mindestens sechs Takttheilen zu lang, um in der Grundform durch einen Versfuss vertreten werden zu können.

Die Zusammenfassung eines zusammengesetzten Taktes zur höheren Einheit wird musikalisch durch die Erhebung des ersten Accentes zum Hauptaccent, metrisch durch die Erhebung der ersten Arsis zur (3—5 Moren zusammen-, fassenden) Hauptarsis bewirkt. Aus mehr Moren gebildete zusammengesetzte metrische Takte bedürfen also (entsprechend dem musikalischen Nebenaccente) noch einer Nebenarsis.

§ 6.

Wie aber musikalisch die Takttheile durch Noten verschiedener Zeitwerthe dargestellt werden können, so in der Metrik die Quantität einer langen Sylbe durch zwei kurze und umgekehrt. Der musikalische Accent wie die metrische Arsis werden dadurch beiderseits nicht berührt. So lässt sich der Daktylus (— ⌣ ⌣) als Zweivierteltakt den einfachen geraden, der Jonicus a majore als Dreivierteltakt den einfachen ungeraden Taktarten zuweisen.

Die Musik vermag nach Umsetzung einer Note in zwei nächstuntergeordnete durch Synkope den Anschlag, ja sogar den vollen musikalischen Accent auf die ursprünglich nicht accentuirte Note zu verlegen. Durch ein ähnliches Verfahren bildet die Metrik den Amphibrachys (⌣ — ⌣) als Zweivierteltakt (einfache gerade Taktart). Die Musik kann ferner in den ungeraden Taktarten durch eine Art Synkope zwei nicht accentuirte Noten in eine einzige der höheren Ordnung zusammenziehen, ohne die Taktart zu ändern. Wenn die Metrik dies musikalische Verfahren nachahmt, so erhält (hierin abweichend von der musikalischen Betonung) die neue metrische Länge dann unbedingt die Arsis. In dieser Weise erklärt sich der Jambus (⌣ —) und der Anapäst (⌣ ⌣ —) wie der Jonicus a minore

($\smile\smile--$) als Dreivierteltakte (einfache ungerade Taktart), und der Dijambus als Sechsachteltakt (zusammengesetzte ungerade Taktart).

Endlich kann aber auch die musikalische Synkope in ungeraden Taktarten durch Bildung einer schweren Zeit aus zwei leichten für das musikalische Gefühl geradezu aus einer Taktart in die andere durch Taktwechsel umspringen. Aehnlich verfahrend, bildet die Metrik den Trochäus ($-\smile$) aus der einfachen ungeraden Taktart des Dreivierteltaktes und lässt ihn dann kraft der Arsis wie eine einfache gerade Taktart, den Zweivierteltakt, und ähnlich den Ditrochäus ($-\smile-\smile$) als Vierviertelakt (zusammengesetzte gerade Taktart) klingen. Mit diesem synkopischen Umspringen des Taktes gehört der Choriambus ($-\smile\smile-$) und der Antispastus ($\smile--\smile$) als Sechsachteltakt zu den zusammengesetzten ungeraden Taktarten, wogegen die Päone ($-\smile-$, $\smile--$, $--\smile$) sämmtlich auf den Fünfachteltakt zurückzuführen sind.

§ 7.

Die Unzulänglichkeit der metrischen Sylbenmessung und ihrer Zeichen für Länge und Kürze gegenüber dem Reichthume der musikalischen Noten, die Schwierigkeit, musikalische Synkopen mehr tastend (kyklische Verse!) auf die metrische Taktbildung zu übertragen, und das Verkennen der ganz verschiedenen Natur musikalischer Accente und metrischer Arsen: das Alles liess die alten Metriker nicht zur musikalisch richtigen Auffassung und Scheidung der metrischen Taktarten kommen. Mit ihrem äusserlichen Abwägen der Quantität in den metrischen Takten werfen sie in diesen die ächten musikalischen zwei Taktordnungen unter einander und können vollends der synkopischen Ueberführung der einen Taktart in die andere nicht gerecht werden. In den Taktreihen der Alten heissen reine Takte (rationale Takte, πόδες ῥητοί) nur die, deren Sylbenmessung genau das gleiche Quantitätsverhältniss aufweist; alle anderen sind bei ihnen unreine Takte (irrationale Takte, πόδες ἄλογοι).

§ 8.

Der Musik steht zum melodischen Ausdruck ihrer Gedanken die ganze Fülle der Tonstufen und Tongeschlechter (Tonarten) zur Verfügung. Die Metrik besitzt neben ihren Moren (Tönen) und Füssen (Takten) nur noch den **Rhythmus** als Mittel zum melodischen Ausdruck dichterischer Gedanken. Da der musikalische Rhythmus zunächst durch Accent, Takt und Tempo bestimmt wird, so ergibt sich schon hieraus, dass auch der metrische Rhythmus sich zunächst durch Arsis und Thesis, dann durch das Tempo des metrischen Vortrages regelt, dem in den antiken Gedichten ein weit grösserer Spielraum bleibt, als dies in der modernen Musik der Fall ist.

Hierbei tritt nun wieder scharf der Unterschied zwischen den musikalischen und metrischen Taktarten heraus: bei der Verschiedenheit des musikalischen Accents und der metrischen Arsis tritt letztere in ein und derselben Taktart an ganz verschiedener Stelle auf, und über den geraden und ungeraden Taktarten, den reinen und unreinen Takten der Alten erhebt sich als höhere Einheit der **gerade** (einheitliche, ῥυθμὸς ὀρθός) und der **ungerade** (widerstreitende, ῥυθμὸς δόχμιος) **Rhythmus**.

§ 9.

In allen zum Aufbau eines melodischen dichterischen Gedankens gebildeten Taktreihen des geraden (einheitlichen) Rhythmus ist an den Grundformen der metrischen Füsse (Takte) stets eine der beiden rhythmischen Grundformen **des steigenden Rhythmus** (des Nachfolgens der Arsen im Takte), oder **des fallenden Rhythmus** (des Vorausgehens der Arsen im Takte) zu unterscheiden. Der melodische Reiz dieser Taktreihen entsteht aus dem Ueberwiegen des einheitlichen Rhythmus über die widerstrebende etymologisch-syntaktische Selbständigkeit der Wörter und Sätze.

Die reinen Grundformen der geraden und ungeraden Taktarten der Metrik gehören sämmtlich entweder dem steigenden ($\smile\smile-$, $\smile-$ und $\smile\smile--$, $\smile--$) oder dem fallenden ($-\smile\smile$, $-\smile$ und $--\smile\smile$, $--\smile$ und $-\smile-$) Rhythmus an. Der steigende wie der fallende Rhythmus kann (nach der Auffassung der Alten) entweder nur reine Takte umfassen: ungemischte rhythmische Reihe; oder seine Takte sind theils reine, theils unreine: gemischte rhythmische Reihe.

Der ungerade (widerstreitende) Rhythmus lässt (durch ausweichende Modulation) einen Zusammenstoss steigender und fallender Rhythmen innerhalb eines zusammengesetzten Taktes (z. B. $\smile-\,|\,-\smile-$) oder einer Taktreihe (z. B. $\smile-\,|\,-\smile--$ und $\smile-\,|\,-\smile\smile\,|\,-\smile-$) entstehen.

§ 10.

Nur in den ungemischten Reihen des geraden Rhythmus erkannten die alten Metriker einen geraden Rhythmus an. Eine reine Auflösung des Jambus und des Trochäus (durch Eintritt zweier Kürzen für die Länge) ist hierbei der Tribrachys ($\smile\smile\smile$), und eine gleiche des Daktylus und Anapäst der Proceleusmaticus ($\smile\smile\smile\smile$). Eine reine Nebenform endlich wird durch den Eintritt des Spondeus ($--$) für den Daktylus und Anapäst (Ersatz zweier Kürze durch eine Länge) gebildet.

Die gemischten Reihen des geraden Rhythmus (z. B. $\smile-\,|\,\smile\smile-$, oder $-\smile\smile\,|\,-\smile$) bezeichneten die Alten bereits als ungerade Rhythmen. Nach unserer modernen Auffassung tritt in den gemischten Reihen des fallenden (geraden) Rhythmus zum Zweivierteltakte (einfache gerade Taktart) des Daktylus der Trochäus in der synkopischen Umsetzung aus der einfachen ungeraden Taktart des

Dreivierteltaktes in den einfachen geraden Zweivierteltakt
(§ 6), und in den gemischten Reihen des steigenden (geraden) Rhythmus zum Dreivierteltakte (einfache ungerade Taktart) des Jambus der durch das gleiche synkopische Verfahren entstandene gleiche Takt des Anapäst. Der gleiche Ursprung der betreffenden Takte lässt ein werthvolles Streiflicht auf die Art fallen, in der die Alten dieselben in ihren gemischten rhythmischen Reihen anwandten. Wir können bei der höheren Einheit des steigenden oder fallenden Rhythmus, unter der sich die gemischten rhythmischen Reihen gruppiren, im Gebiete des geraden Rhythmus nur von scheinbar irrationalen Takten sprechen.

§ 11.

Einfache oder (katalektische) zusammengesetzte Takte von fünf oder weniger Moren enthalten (um auch hier die Bezeichnungen der Musik auf die der Metrik überzutragen) nur ein einfaches oder zusammengesetztes Motiv eines in metrischer Form dargestellten dichterischen Gedankens; der Schlusstakt einer katalektischen Reihe (§ 12) bildet mit dem Auftakte (§ 23) stets ein zusammengesetztes Motiv.

Ein vollständiger zusammengesetzter Takt (z. B. ⌣ — ⌣ —) lässt sich nach der musikalischen Terminologie als ein metrischer Abschnitt, und deren zwei verbunden als ein metrischer Satz (z. B. ⌣ — ⌣ — | ⌣ — ⌣ —) bezeichnen. Der katalektische zusammengesetzte Takt (s. o.) sinkt stets wieder zu einem Motive herab; der um einen Takt verlängerte oder katalektisch um einen solchen verkürzte metrische Satz kann aus drei bis fünf Motiven bestehen, der um einen Takt verlängerte metrische Abschnitt (z. B. ⌣ — ⌣ — | ⌣ —) entweder als solcher, oder als verkürzter Satz bezeichnet werden.

Zwei, um einen oder zwei Takte katalektisch verkürzte, oder auch um einzelne Theile verlängerte Sätze erscheinen als eine einfache metrische Periode. Aus den Wiederholungen der Motive und Motivglieder (den musikalischen Sequenzen) in den Perioden ersteht die melodische Manichfaltigkeit der letzteren.

§ 12.

Die Glieder (κῶλα) der dichterisch-metrischen Sätze und Perioden werden in der Schrift entweder einzeln für sich oder in ganzen Sätzen und Perioden nach Zeilen (στίχοι) oder Versen (versus) geschrieben. Der Vers wird als akatalektisch bezeichnet, wenn er nicht vor dem vollen Austönen aller seiner Moren schliesst; katalektisch heisst er, wenn er vor dem vollen Austönen seiner Moren abbricht. Die Katalexis eines Verses (das Abbrechen eines Theiles seiner Taktglieder) erzeugt metrisch die Empfindung des Stockens der Melodie, bzw. einer rhythmischen Lücke, die im Vortrage entweder durch eine Pause, oder durch das längere Festhalten des Tones der vorhergehenden letzten More des Taktes ausgefüllt werden muss. Die Katalexis eines Verses kann ganze und halbe Takte bis herab zur Viertels- und Achtelspause umfassen.

Die moderne musikalische Schreibweise bezeichnet das Ausfallen der Töne innerhalb der Takte durch die verschiedenen Pausen. Die alte Schreibweise überlässt das musikalische Aushalten katalektischer metrischer Takte dem Vortrage. Als äusseres Zeichen für das Ausfallen einer More ist das Λ (Λεῖμμα) angenommen, und dürfte dasselbe etwa der Achtelspause der Musik entsprechen; das Fehlen von zwei, drei oder vier Moren (die Viertels-, halbe und ganze Pause) wird mit $\overline{\Lambda}$, $\overline{\overline{\Lambda}}$ und $\overline{\overline{\overline{\Lambda}}}$ bezeichnet.

§ 13.

Das Monostichon, welches einen einfachen oder erweiterten vollständigen metrischen Satz darstellt, bildet das Analogon zunächst zu dem einfachen Satze des sprach-

atzbaues. Entsprechend dem zusammengezogenen
:m durch Bei- und Unterordnung zusammgesetzten
id der rednerischen Periode baut sich metrisch
einen erweiterten metrischen Satz darstellenden
hon und einem nur einen metrischen Abschnitt
metrisches Motiv darstellenden zweiten Mono-
lie einfache metrische Periode als metrisches Di-
ı, und aus dem doppelten Distichon oder aus vier
anders gebildeten Monostichen die erweiterte
e Periode als tetrastichische Strophe auf.
Horaz sind alle diese Formen mehr oder minder
rtreten: die monostichischen in den Satiren und
(der hexameter dactylicus) und in den Epoden
bische Senar); die (daktylischen, jambischen oder
h-trochäischen) Distichen in den Epoden und (als
e tetrastichischer Strophen) in den Oden, und
n den Oden die tetrastichischen Strophen.
Takte der Monosticha, Disticha und tetrastichi-
trophen bilden einfache Reihen, insofern sie
ine und dieselbe Grundform eines metrischen Fusses
zurückführen lassen. Bei den zusammenge-
Reihen hat jede einzelne Reihe eine besondere
m des metrischen Fusses (Taktes). Jede ge-
e Reihe umschliesst innerhalb ihres Umfanges
ns zwei Grundformen metrischer Füsse (Takte).

Besonderer Theil.

§ 14.

A. Die einfachen Reihen
sind bei Horaz entweder aus daktylischen, oder aus jambischen, oder endlich aus trochäischen Takten gebildet.

a. Die aus daktylischen Takten gebildeten einfachen Reihen gehören dem geraden fallenden Rhythmus an. Sie erscheinen bei Horaz in der Grundform des sogenannten heroischen Verses (dessen Kenntniss hier vorausgesetzt wird), des

I. hexameter dactylicus:

$$-\smile\smile\ |\ -\smile\smile\ |\ -\smile\smile\ |\ -\smile\smile\ |\ -\smile\smile\ |\ -\smile$$

als einfache metrische Periode, bestehend aus einem tetrapodischen Satze und einem katalektischen oder akatalektischen dipodischen Abschnitte. Satz und Abschnitt wurden ursprünglich vom Rhapsoden mit einer kleinen Pause von einander getrennt vorgetragen, wofür noch die formelhaften Trochäen vor der bukolischen Cäsur im Homer (Od. III, 382. Il. XI, 36. XVIII, 357.) Zeugniss ablegen. Die Diäresis des vierten Taktes (sogen. bukolische Cæsur)

Sat. II, 3, 6. Dic aliquid dignum promissis! Incipe! Nil est.

Ep. I, 16, 14. Infirmo capiti fluit utilis, utilis alvo.

zeigt also in diesem Verse die ursprüngliche Art des musikalisch-deklamatorischen Vortrags, der das natürliche Bedürfniss einer Ruhepause innerhalb des langen Monostichons empfindet. Die Monotonie der stets sich wiederholenden bukolischen Cäsur führte bald schon zu einer reicheren Modulation des Vortrages durch die an die alte Gewohnheit des Vortrags sich noch möglichst eng anschliessende Hephthemimeres, dann durch die Penthemimeres und die Cäsur μετὰ τρίτον τροχαῖον:

Epist. I, 1, 11. Quid verum atque decens, curo et rogo
et omnis in hoc sum.
Carm. I, 28, 15. Naturae verique. Sed omnis una manet nox.
Epist. I, 1, 83. Nullus in orbe sinus Bajis praelucet amoenis!

wozu dann noch alle weiteren Diäresen und männlichen und weiblichen Hemimeren allmälig hinzutraten:

Sat. I, 7, 34 u. 35. Oro, qui reges consueris tollere, cur non
Hunc regem jugulas? Operum hoc, mihi
crede, tuorum est.

Dem Ursprung der Reihe entspricht darunter am wenigsten die Diärese des dritten Taktes:

Epist. I, 14, 43. Optat ephippia bos piger, optat arare
caballus.

Je geschickter der Dichter mit Hülfe der Ruhepausen den syntaktischen Aufbau seiner Gedanken durch das polystichisch an einander gereihte Monostichon fortleitet, desto mehr lässt der sechstaktige Daktylus seine ursprünglich zweigliedrige Periode wie in einem Gusse scheinbar nur als eine περίοδος μονόκωλος erscheinen. Aus Ursprung und Natur der Reihe erklärt sich die Seltenheit eines Spondeus im fünften Takte (versus spondiacus).

§ 15.

Von der Höhe des heroischen Epos herabsteigend trat der hexameter dactylicus bei Horaz (in den Episteln und Satiren) in den Dienst des durch echte Poesie (disjecti membra poetae) verklärten edlen Gesprächstones (sermones, forma pedestris), der den heroischen Gang der daktylischen Reihen in scheinbar spielender und bequemer Handhabung ihrer (per humum repentes) modi und tempora zum nicht minder vollendeten metrischen Kunstwerke erhebt.

Die monostichische Reihe des hex. dact. zeigt sich durch ihren Umfang wohl geeignet, fast das ganze Gebiet grammatischen Satzbaues darzustellen; sie enthält einfache Sätze:

Epist. I, 2, 57. Invidus alterius macrescit rebus opimis.
Epist. I, 16, 52. Oderunt peccare boni virtutis amore.

zusammengezogene Sätze:

Sat. I, 4, 33. Omnes hi metuunt versus, odere poetas.
Sat. I, 5, 48. Lusum it Maecenas, dormitum ego Virgiliusque.
Epist. I, 16, 32. Vir bonus et prudens dici delector ego ac tu.

beigeordnet zusammengesetzte Sätze:

Sat. II, 1, 86. Solventur risu tabulae: tu missus abibis.
Epist. I, 2, 55. Sperne voluptates: nocet empta dolore voluptas.

untergeordnet zusammengesetzte Sätze:

Sat. I, 2, 24. Dum vitant stulti vitia, in contraria currunt.
Epist. I, 2, 14. Quidquid delirant reges, plectuntur Achivi.
Epist. I, 2, 54. Sincerum est nisi vas, quodcunque infundis, acescit.
Epist. I, 4, 14. Grata superveniet, quae non sperabitur hora.
Epist. I, 5, 12. Quo mihi fortunam, si non conceditur uti?
Epist. I, 7, 98. Metiri se quemque suo modulo ac pede verum est.
Epist. I, 8, 17. Ut tu fortunam, sic nos te, Celse, feremus.
Epist. I, 16, 17. Tu recte vivis, si curas esse, quod audis.

Durch ein ausgiebiges Verwenden der möglichen Diäresen und Hauptcäsuren, wie durch das Zusammenfallen oder den Widerstreit dieser Ruhepausen mit denen der grammatischen Satzgliederung kann die monostichische

hexameter dactylicus. im Dialoge bereits eine
he beigeordneter Sätze umfassen:
, 6. Dic aliquid dignum promissis! Incipe! Nil est.
59. Hic fossa est ingens, hic rupes maxima! Serva!
3, 160. Continuo sanus? — Minime. — Cur,
      Stoice? — Dicam.
13, 19. Vade, vale! Cave, ne titubes manda-
      taque frangas.
16, 35. Pone, meum est, inquit; pono tristis-
      que recedo.
nd sogar kleinere syntaktische Perioden:
, 5. Suaviter, ut nunc est, inquam, et cupio
    omnia, quae vis.

§. 16.

als monostichische Reihe zeigt der hexameter
im sechsten Takte häufig ein (scheinbar) irra-
erhältniss. Während nämlich für den Daktylus
ets (wenn auch selten im fünften Takte) die
 des Spondeus eintreten kann, bedingt das na-
 Einhalten des Vortrags am Schlusse der ganzen
: so kräftige Pause (Schlussdiärese), dass dieselbe
takte die wegfallende letzte More des Daktylus
n ersetzte. Die beim Trochäus des sechsten
ts mitzuzählende Schlussdiärese könnte mit dem
Λ ($\Lambda\varepsilon\tilde{\iota}\mu\mu\alpha$) bezeichnet werden.
nden aber in den uns überlieferten stichischen
s hex. dact. auch bei den Griechen nirgends
sechsten Takte die Grundform des Daktylus.
rschien dieser mit energischem Ungestüm vor-
e Takt den Dichtern und Sängern viel zu un-
sich auch zum befriedigenden Abschlusse der
en Reihe zu eignen. An seine Stelle tritt der
hige Abschluss des Spondeus oder (in sogenannter

pora zum nicht minder vollendeten metrischen Kunstwerke erhebt.

Die monostichische Reihe des hex. dact. zeigt sich durch ihren Umfang wohl geeignet, fast das ganze Gebiet grammatischen Satzbaues darzustellen; sie enthält einfache Sätze:

Epist. I, 2, 57. Invidus alterius macrescit rebus opimis.
Epist. I, 16, 52. Oderunt peccare boni virtutis amore.

zusammengezogene Sätze:

Sat. I, 4, 33. Omnes hi metuunt versus, odere poetas.
Sat. I, 5, 48. Lusum it Maecenas, dormitum ego Virgiliusque.
Epist. I, 16, 32. Vir bonus et prudens dici delector ego ac tu.

beigeordnet zusammengesetzte Sätze:

Sat. II, 1, 86. Solventur risu tabulae: tu missus abibis.
Epist. I, 2, 55. Sperne voluptates: nocet empta dolore voluptas.

untergeordnet zusammengesetzte Sätze:

Sat. I, 2, 24. Dum vitant stulti vitia, in contraria currunt.
Epist. I, 2, 14. Quidquid delirant reges, plectuntur Achivi.
Epist. I, 2, 54. Sincerum est nisi vas, quodcunque infundis, acescit.
Epist. I, 4, 14. Grata superveniet, quae non sperabitur hora.
Epist. I, 5, 12. Quo mihi fortunam, si non conceditur uti?
Epist. I, 7, 98. Metiri se quemque suo modulo ac pede verum est.
Epist. I, 8, 17. Ut tu fortunam, sic nos te, Celse, feremus.
Epist. I, 16, 17. Tu recte vivis, si curas esse, quod audis.

Durch ein ausgiebiges Verwenden der möglichen Diäresen und Hauptcäsuren, wie durch das Zusammenfallen oder den Widerstreit dieser Ruhepausen mit denen der grammatischen Satzgliederung kann die monostichische

Reihe des hexameter dactylicus im Dialoge bereits eine ganze Reihe beigeordneter Sätze umfassen:

Sat. II, 3, 6. Dic aliquid dignum promissis! Incipe! Nil est.
Sat. II, 3, 59. Hic fossa est ingens, hic rupes maxima! Serva!
Sat. II, 3, 160. Continuo sanus? — Minime. — Cur, Stoice? — Dicam.
Epist. I, 13, 19. Vade, vale! Cave, ne titubes mandataque frangas.
Epist. I, 16, 35. Pone, meum est, inquit; pono tristisque recedo.

und sogar kleinere syntaktische Perioden:

Sat. I, 9, 5. Suaviter, ut nunc est, inquam, et cupio omnia, quae vis.

§. 16.

Schon als monostichische Reihe zeigt der hexameter dactylicus im sechsten Takte häufig ein (scheinbar) irrationales Verhältniss. Während nämlich für den Daktylus rational stets (wenn auch selten im fünften Takte) die Nebenform des Spondeus eintreten kann, bedingt das naturgemässe Einhalten des Vortrags am Schlusse der ganzen Reihe eine so kräftige Pause (Schlussdiärese), dass dieselbe im Schlusstakte die wegfallende letzte More des Daktylus vollkommen ersetzte. Die beim Trochäus des sechsten Taktes stets mitzuzählende Schlussdiärese könnte mit dem einfachen ʌ ($\Lambda\varepsilon\tilde{\iota}\mu\mu\alpha$) bezeichnet werden.

Wir finden aber in den uns überlieferten stichischen Reihen des hex. dact. auch bei den Griechen nirgends mehr im sechsten Takte die Grundform des Daktylus. Offenbar erschien dieser mit energischem Ungestüm voranstrebende Takt den Dichtern und Sängern viel zu unruhig, um sich auch zum befriedigenden Abschlusse der rhythmischen Reihe zu eignen. An seine Stelle tritt der gleichwerthige Abschluss des Spondeus oder (in sogenannter katalektischer Reihe) der (scheinbar) irrationale Trochäus, der durch das' ʌ das volle Verhältniss der Takttheile bewirkt. Hieraus folgt, dass in der polystichischen Verwendung des hex. dact. die Schlussdiärese nach dem Trochäus immer etwas länger festzuhalten ist, als die Hauptcäsuren und Diäresen innerhalb der Reihe.

In der polystichischen Verbindung findet aber der hex. dact. auch bei Horaz (wie in der heroischen Epopöe) seine stärkste Verwendung. Da sein Monostichon sich in der Regel metrisch als einfache Periode darstellt, so entsteht nun aus dem Festhalten der starken Schlussdiärese neben den Hauptcäsuren und Diäresen innerhalb der Reihe einerseits und dem Uebergreifen des grammatischen Satzbaues auf zwei oder mehrere Reihen andererseits, aus dem Ringen der Arsen, Thesen und Pausen der metrischen Periode mit dem syntaktischen Aufbau und dem Sinne des Gedankeninhalts ein unendlicher, die verhältnissmässig einfache metrische Grundform nie erschöpfender Reiz. Es mag genügen, dem metrischen Schaffen des Dichters in dieser Richtung nur an einzelnen Beispielen nachzufühlen. Zum einfachen grammatischen Satze genügt Horaz (vergl. oben) schon ein metrisches Motiv; er schreitet dann damit vor zum metrischen Abschnitt und Satze:

Epist. I, 7, 44. Parvum parva decent.

oder zur einfachen metrischen Periode:

Epist. I, 14, 43. Optat ephippia bos piger, optat arare caballus.

Letztere genügt ihm auch zur Darstellung des durch Bei- und Unterordnung zusammengesetzten Satzes:

Epist. I, 2, 56. Semper avarus eget: certum voto pete finem.

Epist. I, 6, 24. Quidquid sub terra est, in apricum proferet aetas.

der dabei noch durch eine Zusammenziehung erweitert sein kann:

11, 27. Caelum, non animum mutant, qui trans
mare currunt.

atzbau greift sodann aus der einfachen metri-
iode noch auf ein Motiv oder einen Abschnitt

, 2, 69 u. 70. Quo semel est imbuta recens, ser-
vabit odorem
Testa diu.
, 10, 1 u. 2. Urbis amatorem Fuscum salvere
jubemus
Ruris amatores.

mfasst nur zwei Sätze (Abschnitte, Motive) aus
chen Perioden zweier Monosticha:

5, 100 u. 101. Credat Judaeus Apella,
Non ego.
1, 6. u. 7. Peream male, si non
Optimum erat.

grammatische Satzbau umspannt ferner zwei volle
netrische Perioden:

3, 105 u. 106. Oppida coeperunt munire et po-
nere leges,
Ne quis fur esset, neu latro, neu
quis adulter.
6, 38. u. 39. Tune Syri, Damae aut Dionysi filius,
audes
Deicere de saxo civis aut tradere
Cadmo?
, 1 u. 2. Ibam forte via sacra, sicut meus est mos
Nescio quid meditans nugarum, totus in
illis.
9, 33 u. 34. Garrulus hunc quando consumet
cunque: loquaces,
Si sapiat, vitet, simulatque adole-
verit aetas.

2

Epist. I, 1, 8 u. 9. Solve senescentem mature sanus equum, ne
Peccet ad extremum ridendus et ilia ducat.
Epist. I, 2, 15 u. 16. Seditione, dolis, scelere atque libidine et ira
Iliacos intra muros peccatur et extra.
Epist. I, 2, 17 u. 18. Rursus, quid virtus et quid sapientia possit,
Utile proposuit nobis exemplar Ulixen.
Epist. I, 2, 62 u. 63. Ira furor brevis est; animum rege, qui nisi paret,
Imperat: hunc frenis, hunc tu compesce catena.
Epist. I, 6, 1 u. 2. Nil admirari prope res est una, Numici,
Solaque, quae possit facere et servare beatum.
Epist. I, 6, 45 u. 46. Exilis domus est, ubi non et multa supersunt
Et dominum falluntet prosunt furibus.
Epist. I, 10, 24 u. 25. Naturam expellas furca: tamen usque recurret,
Et mala perrumpet furtim fastidia victrix.

Schliesslich greift der grammatische Satz (die gramm. Periode) auf drei und mehrere Monosticha über:

Sat. II, 6, 1—3. Hoc erat in votis: modus agri non ita magnus,
Hortus ubi et tecto vicinus jugis aquae fons
Et paulum silvae super his foret.
Sat. I, 4, 1—5. Eupolis atque Cratinus Aristophanesque poetae
Atque alii, quorum comoedia prisca virorum est.

> Si quis erat dignus describi, quod malus
> ac fur,
> Quod moechus foret aut sicarius aut alioqui
> Famosus, multa cum libertate notabant.

Epist. I, 1, 16—19.
> Nunc agilis fio et mersor civilibus undis,
> Virtutis verae custos rigidusque satelles:
> Nunc in Aristippi furtim praecepta
> relabor
> Et mihi res, non me rebus subjungere
> conor.

§. 17.

Ursprung und Natur der sechstaktigen daktylischen Reihe lässt dieselbe nur in der polystichischen Verbindung voll und ausgiebig verwenden. Zwei vollständige Reihen distichisch zusammenzustellen, hätte weder eine metrische, noch eine grammatische Berechtigung, da das selbständige Monostichon sich durch ein solches Distichon nicht in einer höheren Einheit zusammenfassen lässt. Wohl aber liegt es in der Natur jeder distichischen metrischen Composition, dass sie durch Verbindung einer längeren und einer kürzeren Reihe eine neue höhere rhythmische Einheit schafft. Hinsichtlich des grammatikalischen Gedankenausdruckes bleibt aber jede solche distichische Composition in so fern eine schwierige Form, als sie der freien Verwendung der rhythmischen Glieder zum grammatisch-syntaktischen Aufbau der Gedanken durch den festen metrischen Abschluss des Distichons gewisse Schranken setzt.

Die geringste Verkürzung des hex. dact. zur distichischen Composition ermöglicht die bekannte Form des Pentameters, d. h. die katalektische Verkürzung des hex. dact. je um die Thesen des dritten und sechsten Taktes:

$$-\smile\smile\ |\ -\smile\smile\ |\ -\ \|\ -\smile\smile\ |\ -\smile\smile\ |\ -$$

Hierdurch erwächst eine äusserst biegsame und ange-

messene distichische Form (die Alten nannten si
Versmass der Elegie, das Elegeion; man könnte
schlechtweg als das daktylische Distichon bezeicl
gnomischen (sententiösen) Gedankenausdruck:

Im Hexameter steigt des Springquells flüssige
Im Pentameter drauf fällt sie melodisch herab

Zu einer höheren lyrischen Leistung und
breiteren Anlage des grammatischen Periodenl
quemt sich diese Form jedoch schwer (doch s
die vorzügliche Behandlung des Distichons durc
erinnert, z. B. im „Tanz"), und dies ist vielle
der Gründe, wesshalb wir diese metrische Cc
von Horaz nicht angewandt finden.

Doch entging es dem Meister der rhythmis
men nicht, wie die distichische Composition d
lischen Rhythmen zu gewissen Stimmungen ur
sich trefflich eignet, und so finden wir denn bei
der mehr in sich abgeschlossenen Form des
Distichons einen erweiterten metrischen Absch
einen verkürzten metrischen Satz (eine daktyl
podie bzw. Tetrapodie) mit dem sechstaktigen Mo
zum ersten Archilochischen bzw. Alkmanischen
verbunden. Beide sind, vermöge der starken V
ihrer zweiten Reihe, mehr des Anschlusses ar
hergehende bzw. nachfolgende Reihe fähig und
und so eine geeignete Form zur lyrischen Co
Beide gestatten daher auch eine Vereinigung
stichischen Strophe der Horazischen Lyrik.

§ 18.

II. Das erste Archilochische Distich(
det mit dem hex. dact. den erweiterten metris
schnitt einer katalektischen daktylischen Tripodi

$-\smile\smile\ |\ -\smile\smile\ |\ -\smile\smile\ |\ -\smile\smile\ |\ -\smile\smile\ |\ -$
$-\smile\smile\ |\ -\smile\smile\ |\ -\overline{\smile}$

Zu einer tetrastichischen Strophe verbunden findet sich dasselbe Carm. IV, 7:

> Diffugere nives, redeunt jam gramina campis
>   Arboribusque comae;
> Mutat terra vices, et decrescentia ripas
>   Flumina praetereunt.

Mit der dem hex. dact. eigenen Frische und Freudigkeit beginnt der Dichter in der ersten Reihe dieses Versmasses eine Schilderung des fröhlichen Wiedererwachens der Natur, und in der jähen Katalexis der zweiten Reihe gelangt er immer von Neuem zum Ausspruche der schmerzlichen Erfahrung, dass hienieden eben Alles nur ein Stückwerk bleibt, Alles der Vergänglichkeit unterthan.

§ 19.

III. Das **Alkmanische Distichon** knüpft an die sechstaktige daktylische einfache Periode den verkürzten metrischen Satz einer (katalektischen) Tetrapodie mit der starken spondeisch-trochäischen Diärese:

$$-\smile\smile\ |\ -\smile\smile,|\ -\smile\smile\ |\ -\smile\smile\ |\ -\smile\smile\ |\ -\stackrel{\smile}{-}$$
$$-\smile\smile\ |\ -\smile\smile\ |\ -\smile\smile\ |\ -\stackrel{\smile}{-}$$

> Ep. 12. Quid tibi vis, mulier, nigris dignissima barris?
>   Munera cur mihi quidve tabellas
> Mittis nec firmo juveni neque naris obesae?
>   Namque sagacius unus odoror,
> Polypus an gravis hirsutis cubet hircus in alis,
>   Quam canis acer, ubi lateat sus.

Wie man sieht, hindert auch diese distichische Composition den Dichter keineswegs am harmonischen grammatischen Aufbau seiner Gedanken, die spöttisch und höhnisch mit den nachhinkenden Tetrapodieen eine verschmähte Hässliche auf's Eis führen. Und aus dem Munde der Verdriesslichen klingt in der Tetrapodie die Unzufriedenheit und Unbefriedigtheit im Echo zurück:

O ego non felix, quam tu fugis, ut pavet acris
Agna lupos capreaeque leones!

In tetrastichischer Strophe finden wir dies ⅂
in den Oden (I, 7. 28) wieder. Mit der entsch
Energie des hex. dact. paart sich in der Tetraɩ
schmerzliche Erinnerung an das vergangene, die
sicht künftigen Leides, Carm. I, 7:

Quo nos cumque feret melior fortuna parente,
Ibimus, o socii comitesque!
Nil desperandum Teucro duce et auspice Teuc
Certus enim promisit Apollo
Ambiguam tellure nova Salamina futuram.
O fortes pejoraque passi
Mecum saepe viri, nunc vino pellite curas:
Cras ingens iterabimus aequor!

und melancholisch mahnt die abbrechende T
Carm. I, 28:

.nullum
Saeva caput Proserpina fugit.

In letzterem Gedichte findet sich (v. 21), duɩ
Eigennamen veranlasst, ein v. spondiacus. Eine A
gleichfalls durch einen Eigennamen herbeigeführ
derselben Gedichte (v. 2) der Spondeus im dritt
der Tetrapodie.

§ 20.

b. Jambische Reihen.

Das Taktverhältniss der Jambus ist, wie
Trochäus, das diplasische. Mit nur drei Moren iɩ
den Rhythmus dahinschreitend, erschien ein solɩ
den zählenden und wägenden alten Metrikern z
ständig, um einen selbständigen Takt (ein μέτρον) ɩ
Man stellt daher die Jamben stets in einer Di
einem Takte zusammen.

Der Stellung des hex. dact. in den daktylischen Reihen analog ist

IV. der jambische Senar (Trimeter) die Grundform der monostichischen jambischen Reihen:

$$\smile - \smile - \mid \smile - \smile - \mid \smile - \smile \overset{\smile}{-}$$

Für den Jambus kann nach Bedarf (besonders bei Eigennamen) die rationale Auflösung des Tribrachys eintreten. Der kräftige Anlauf, den der Vortrag im Anfange jeder Dipodie nimmt, führte dahin, dass man überall vor der Hauptarsis jeder Dipodie (also im 1, 3, 5 Fusse der Hexapodie) die irrationale Nebenform des Spondeus, und für letzteren sogar die gleichfalls irrationalen Nebenformen des Daktylus und Anapäst sich erlaubte. Dem irrationalen Verhältniss wird aber stets durch die kraftvolle Hauptarsis wieder die Spitze abgebrochen. Die natürliche Dehnung der ersten Thesis der Dipodie (wodurch der lebhafte Gang der Jamben zugleich den Ausdruck selbstbewusster Ueberlegenheit erhält) und das Bedürfniss, die polystichische Verbindung der jambischen Hexapodie in Satzbau und Gedanken zu einer recht innigen zu machen, lässt die letzte Arsis jeder Reihe (der um zwei Takte verkürzten einfachen metrischen Periode) auch um eine More (als syllaba anceps) kürzen.

Die vom Athem des Vortragenden leicht zu umfassende Reihe des jambischen Senars verlegt (Ep. 17) Ruhepause wie Interpunktion zunächst gern an das Ende der Reihe. Doch findet sich bei Horaz (v. 6) eine Hauptcäsur hinter der Thesis des zweiten Fusses, hinter der des vierten (v. 17), gleichzeitig (v. 30 u. v. 40) hinter der Thesis des dritten und fünften Fusses, hinter der des dritten (v. 32, 39, 69), hinter der des vierten (v. 33) verbunden mit der Diärese desselben Fusses, hinter der Arsis des ersten und der Thesis des dritten Fusses (v. 45).

Nur ein Mal (Ep. 17) hat sich Horaz dieses Versmasses bedient:

> Jam jam efficaci do manus scientiae.
> Supplex et oro regna per Proserpinae,
> Per et Dianae non movenda numina,
> Per atque libros carminum valentium
> Refixa caelo devocare sidera:
> Canidia, parce vocibus tandem sacris,
> Citumque retro solve solve turbinem!

Wer erkennt nicht schon in diesen einleitenden Versen den Meister wieder, der wie beim hex. dact. über die polystichischen Reihen zum kühnsten wie einfachsten Gedankenausdrucke mit gleicher Kunst gebietet? Wer aber findet hier nicht auch die gefährliche Waffe (Wie rasche Pfeile sandte mich Archilochus!) des Hohnes wieder in den Händen eines unbarmherzigen und — ungezogenen Lieblings der Grazien?

Quid amplius vis? O mare et terra, ardeo etc., so schwört er (wie gerne würde sie seiner Rede Zauberfluss für echte Sprache des Herzens gelten lassen!), um gleich darauf das Schlimmste, das sie ihm drohen kann, mit lachendem Munde auf sich zu nehmen:

> Sed tardiora fata te votis manent!

Ach, sie war nicht die erste und nicht die letzte Semele, die es an sich erfuhr, wie gefährlich es ist, der Glut des Genius zu nahen.

§ 21.

V. Das jambische Distichon ist der getreue Pendant des steigenden Rhythmus zum fallenden des Alkmanischen:

$$\smile - \smile - \mid \smile - \smile - \mid \smile - \smile \overline{\smile}$$
$$\smile - \smile - \mid \smile - \smile \overline{\smile}$$

Der verkürzten einfachen Periode des Senars folgt der metrische Satz der jambischen Tetrapodie, Ep. 1:

Ibis Liburnis inter alta navium
Amice, propugnacula,
Paratus, omne Caesaris periculum
Subire, Maecenas, tuo!
Quid nos? quibus te vita si superstite
Jucunda, si contra gravis?

Schon die Vergleichung dieser wenigen Rhythmen mit der 17. Ep. macht es klar, warum Horaz so gern und oft (Ep. 2—10) zu dieser jambischen Distichenform zurückkehrt. Die polystichische Verwendung des gemessenen tragischen Senars bequemt sich viel schwerer, als der heroische hex. dact., der Umbildung zum Werkzeuge urbaner Conversation, geistreichen Geplauders; seine Reihe ist zu kurz, um sich durch manohfache Hauptcäsuren und Diäresen zum rhythmischen Träger des freien, ungebundenen und doch conventionell so vollendeten Horatianischen Satzbaues darzubieten. Nicht Spottsucht und Satire der Archilochischen Jamben ist für den Dichter das Entscheidende, sondern die freie Verschmelzung des vollendetsten Satzbaues Augusteischer Urbanität mit dem Reize scheinbar fessellos dahinströmender Rhythmen. Das leistet die in sich haltlose, sich dem Trimeter anschmiegende jambische Tetrapodie, die ihre Arme wechselnd der vorangehenden und nachfolgenden senarischen Reihe entgegenstreckt und hinter ihren Thesen den Pausen eine stets neue willkommene Stätte bietet. Und wie weiss sich das glatte, reichgegliederte Metrum den Stollen anzuschmiegen! Da plaudert (Ep. 1) der höfisch geschulte Weltmann; da schwärmt der begeisterte Freund des Landlebens (Ep. 2):

Beatus ille, qui procul negotiis
Ut prisca gens mortalium

Paterna rura bobus exercet suis,
Solutus omni fenore!

bis ihm der Dichter leise die Toga lüftet, und d(
städtische Pferdefuss hervorschaut:

>Omnem redegit Idibus pecuniam,
>Quaerit Calendis ponere.

Da hat sich der wählige Gast (Ep. 3) beim I
Knoblauchgerichte ein Leids gegessen:

>Edit cicutis allium nocentius!
>O dura messorum ilia!

und wünscht seinem schelmischen Wirthe die
lichste Strafe:

>Manum puella suavio opponat tuo
>Extrema et in sponda cubet!

Da scheidet sich der Dichter stolz von der
häusler, den Gründerglück zum Millionär und R(
besitzer emporgehoben (Ep. 4):

>Lupis et agnis quanta sortito obtigit,
>Tecum mihi discordia est.

und höhnt (wer erschrickt dabei nicht über die n
wie physiologisch gleich „irrationalen Verbindun(
heidnischen Weltstadt?) die liebestolle Alte (Ep.

>Rogare longo putidam te saeculo,
>Viris quid enervet meas?

Das denkt im Siegesjubel, der aus der Waffen(
dung des Aktischen Gestades herüberschallt, im
kosen Uebermuth (Mein Lebenslauf ist Lieb' und I
lauter Becherklang!) nur an einen flotten Sie
(Ep. 9):

>Capaciores affer huc, puer, scyphos
>Et Chia vina aut Lesbia!

Das weist dem Gegner, der nur bellt, nicl
(Ep. 6), keck die Hörner:

>Cave, cave: namque in malos asperrimus
>Parata tollo cornua!

und wünscht mit heidnischem Hasse dem feindlichen Dichterlinge (Ep. 10) auf der Seereise alle Winde auf den Hals und Noth und Schiffbruch:

> Ut horridis utrumque verberes latus,
> Auster, memento fluctibus!

Das liebt und hasst, und tändelt und grollt, und treibt dahin auf dem schäumenden Kamme der Wellen: vogue la galère! und denkt bei dem leichten Spiele der Jamben im Saus und Braus der stürmischen Jugend nicht an den alten Parischen Griesgram, noch an das ungeborene Philologengeschlecht, das nach Millennien so grundgelehrt das Wesen jambischer Epoden zu entwickeln weiss:

> Curam metumque Caesaris rerum juvat
> Dulci lyaeo solvere.

§ 22.

Aus dem leichten, behenden Rhythmus des steigenden Jambus entsteht durch Diplasiasmus unter Festhaltung des ursprünglichen Taktverhältnisses (aus 1 : 2 jezt 2 : 4) der im neckischen spottenden Echo sich wiederholende VI. Jonicus a minore:

$$\smile\smile--\ |\ \smile\smile--$$
$$\smile\smile--\ |\ \smile\smile--\ |\ \smile\smile--$$

Horaz hat (Carm. III, 12) das zur Monotonie neigende Versmass in der tetrastichischen Strophe aufgebaut und durch kräftige Diäresen der Sehnsucht des vom bösen Ohm hinter Schloss und Riegel gehaltenen liebeskranken Mägdleins einen gar schalkhaften Ausdruck verliehen:

> Tibi qualum Cythereae
> Puer ales, tibi telas
> Operosaeque Minervae studium aufert,
> Neobule, Liparaei nitor Hebri.

Der Wechsel zwischen gleicher und ungleiche
zahl der Reihen lässt neben den Diäresen den
Leporello aus dem Widerhall der Liebesklagen
hören.

§ 23.

c. Trochäische Reihen.

Aus dem gleichen Taktgeschlechte wie der
hervorgegangen, führt der Trochäus dessen More
synkopische Umsetzung von Thesis und Arsis a
steigenden zum sinkenden Rhythmus über:

$$-\smile-\smile\,|\,-\smile-\smile\,|\,-\smile-\smile$$

Schon hieraus folgt der ernstere, gemessenere Ch
der (gleichfalls nach Dipodien in Takte einget
Trochäen, denen neben der rationalen Auflösung
brachen ($\smile\smile\smile$) nur selten die Umsetzung in J
oder (im 2, 4, 6 Fusse), durch das Ausklingen de
gehenden und den Anlauf zur Arsis des zweiten Tak
irrationalen Nebenformen des Spondeus (Daktylus, A
einen elastischeren Gang verleihen. Wie der kraftvo
ginn der jambischen Reihe zum irrationalen Spond
ersten und zum irrationalen Pyrrhichius des letzten Fu
jambischen Reihe führt, so nöthigt der hinkende F
Trochäus zur katalektischen Reihe und (nach der
dehnung der letzten Arsis) zum Wiederaufnehm
zweiten Reihe mit einem Auftakte (der Anakrusi
zwischen beiden Reihen schwebend, die erste ratio
schliesst und die Stimme zum reinen Anschlage de
Reihe befähigt. Ist die vorausgehende metrische
um eine More katalektisch, so ist der kurze Vorscl
der gesetzmässige zu bezeichnen; die zur nächster
mit Arsis einsetzende Stimme kann den Vorschl
auch als eine Länge (doppelte More) eintreten las

Horaz hat ein einziges Mal (Carm. II, 18) eine um zwei Takte verkürzte einfache Periode einer katalektischen (und desshalb mit einer Anakrusis eröffneten) trochäischen Hexapodie (troch. Trimeter) distichisch mit dem metrischen Satze einer katalektischen Tetrapodie (troch. Dimeter) verbunden, und durch Composition je zweier solcher Distichen zur

VII. Hipponakteischen Strophe aufgebaut:

$$-\cup-\cup\ |\ -\cup\stackrel{=}{}$$
$$\stackrel{=}{}|-\cup-\stackrel{=}{}\ |\ -\cup-\cup\ |\ -\stackrel{=}{}$$
$$-\cup-\cup\ |\ -\cup\stackrel{=}{}$$
$$\stackrel{=}{}|-\cup-\stackrel{=}{}\ |\ -\cup-\cup\ |\ -\stackrel{=}{}$$

Non ebur, neque aureum
Mea renidet in domo lacunar;
Non trabes Hymettiae
Premunt columnas ultima recisas

Africa: neque Attali
Ignotus heres regiam occupavi,
Nec Laconicas mihi
Trahunt honestae purpuras clientae.

Die Anakrusis ist in allen metrischen Reihen das musikalische Supplement der Katalexis: d. h. die Katalexis verkürzt die rhythmische Reihe stets um die gleiche Zahl Moren, als deren durch den Auftakt der Reihe zugetreten sind. Sie vermittelt zugleich hier den Uebergang von dem Taktverhältniss der Tetrapodie zu dem der Pentapodie. Neben der Anakrusis musste der Trimeter die Katalexis eines vollen Fusses eintreten lassen, um den unruhigen irrationalen Schluss eines Daktylus oder den noch irrationaleren eines Päon zu vermeiden.

Zweimal (v. 5 u. 11) trifft bei Horaz im Dimeter die Hauptcäsur mit einer Satzpause hinter der zweiten Arsis zusammen; viermal (v. 12, 26, 34, 38) findet sich das gleiche Zusammentreffen hinter der zweiten Thesis der ersten Dipodie des Trimeters; einmal (v. 32) desgleichen hinter der ersten Arsis, zweimal desgleichen (v. 32 u. 36) hinter der ersten Thesis der zweiten Dipodie. Es lässt sich nicht läugnen, dass diese metrische Form (schon durch die Umstellung der naturgemässen Reihenfolge des Distichons, wodurch der melodische Abschluss fehlt) die ganze Monotonie einer kirchlichen Responsorienlitanei hat, die sie nicht verliert, wenn man, der metrischen Auffassung der Alten sich anbequemend, den Trimeter mit der Anakrusis zum katalektischen jambischen Trimeter umsetzt. Grund genug für einen juvenis naris haud obesae, auf solche metrische Composition nicht wieder zurückzukommen.

§ 24.

B. Zusammengesetzte daktylische und trochäische Reihen.

Zusammengesetzte Reihen entstehen, wenn Reihen, deren jede eine besondere Grundform des metrischen Fusses (Taktes) umfasst, zu einer metrischen Periode vereinigt werden. Horaz setzt zu diesem Zwecke nur daktylische und trochäische Taktreihen zusammen. Ihr Widerstreit der Taktverhältnisse (des gleichen und des doppelten) ist in Wirklichkeit musikalisch die volle Harmonie in der einfachen geraden Taktart des Zweivierteltaktes, vereint unter der höheren Einheit des fallend sich fortbewegenden Rhythmus. Auch hier liegt das Bedürfniss vor, die neue Composition durch Verbindung längerer und kürzerer Reihen als ein höheres metrisches Ganzes zu gestalten. Dem Alkmanischen und Archilochischen Distichon tritt hier zunächst der metrische Pendant des ersten und zweiten pythiambischen Distichons gegenüber, irrig so genannt nach dem pythischen (Delphischen) hex. dact. und der zweiten, nach der Auffassung der Anakrusis bei den Alten als jambisch aufgefassten Reihe.

§ 25.

VIII. Das erste pythiambische Distichon

$-\smile\smile\,|\,-\smile\smile\,|\,-\smile\smile\,|\,-\smile\smile\,|\,-\smile\smile\,|\,-\smile$
$\smile\,|\,-\smile-\overline{\smile}\,|\,-\smile\overline{\smile}$

lässt auf die einfache metrische Periode des hex. dact. im sanften Uebergang der Anakrusis den metrischen Satz eines katalektischen trochäischen Dimeters folgen: der rasche, freudige Aufschwung des sechsmassigen Daktylus hemmt bei der zweiten Reihe hier noch stärker als im Archilochischen und Alkmanischen Distichon seinen beflügelten Schritt, ja die ernste Grandezza des Trochäus erhält durch das jähe Abbrechen der zweiten Dipodie einen Ausdruck der Entsagung und tiefer Melancholie (Ep. 15):

Nox erat, et caelo fulgebat luna sereno
Inter minora sidera,

Cum tu magnorum numen laesura deorum
In verba jurabas mea,

Artius, atque hedera procera adstringitur ilex,
Lentis adhaerens brachiis.

Wie schmerzliche Seufzer entringen sich die Katalexen der Brust des betrogenen Dichters, und sein

Ast ego vicissim risero.

ach, es ist nur eine flüchtige Aufwallung in leichten Moren, der die tiefe Dissonanz eines schmerzlichen Schlusses auf dem Fusse folgt.

Kein Wunder, wenn da die Rhythmen stocken (Ep. 14), und selbst ein Mäcenas vergeblich (man büsst nach Heine's Geständniss gar theuer durch die Krallen der Sphinx) auf Vollendung der leichten Liedersammlung dringt:

Gaude sorte tua: me libertina neque uno
Contenta Phryne macerat.

§ 26.

IX. Das zweite pythiambische Distichon
(Ep. 16)

$$- \smile \smile \mid - \smile \mid - \smile \mid - \smile \mid - \smile \smile \mid - \overset{\smile}{}$$
$$\overset{\smile}{-} \mid - \smile - \overset{\smile}{-} \mid - \smile - \smile \mid - \smile \overset{\smile}{-}$$

> Altera jam teritur bellis civilibus aetas,
> Suis et ipsa Roma viribus ruit.

zeigt durch die zweite einfache metrische Periode des katalektischen trochäischen Trimeters einen durchaus veränderten Charakter. Da ist keine Spur mehr von Melancholie und Entsagung:

> Barbarus heu! cineres insistet victor et urbem
> Eques sonante verberabit ungula,
>
> Quaeque carent ventis et solibus ossa Quirini —
> Nefas videri! — dissipabit insolens.

In Panzer und Helm tritt uns dröhnenden Schrittes der zürnende Geist des Quirinus selber entgegen, das entartete Geschlecht zu ermahnen und zu erheben. Doch der weiche Liebling der Grazien wendet von dem ritterlichen Ahnenbild bald muthlos den Blick zum Vorbilde des leichtlebigen Griechenvölkleins:

> Nulla sit hac potior sententia, Phocaeorum
> Velut profugit exsecrata civitas
> Agros atque laris patrios habitandaque fana
> Apris reliquit et rapacibus lupis:
>
> Ire, pedes quocumque ferent, quocumque per undas
> Notus vocabit aut protervus Africus!

So dachte der Römische Senat, so der Jüngling Scipio nicht nach Cannä, und der Perusinerkrieg war doch nur ein Sturm im Glase Wasser. Horaz aber fand unter der starken Herrschaft August's bald auf dem Pincius mons seine arva beata, an Neapels Küste seine insulas divites wieder: er hat keine waffenklirrenden Pythiamben mehr gedichtet.

§ 27.

Eine ganz andere metrische Anlage, als die beiden pythiambischen, zeigt die daktylisch-trochäische metrische Doppelperiode des zweiten, dritten und vierten Archilochischen Distichons.

X. Das zweite Archilochische Distichon (Ep. 13).

$$- \smile\smile\ |\ -\smile\smile\ |\ -\smile\smile\ |\ -\smile\smile\ |\ -\smile\smile\ |\ --$$
$$\smile\ |\ -\smile-\overset{\smile}{-}\ |\ -\smile\overset{\smile}{-}\ ||\ -\smile\smile\ |\ -\smile\smile\ |\ \overset{\smile}{-}$$

nimmt die erste pythiambische Strophe wieder auf und fügt in der zweiten Reihe, die dadurch auch zu einer einfachen metrischen Periode wird, dem metrischen Satze des katalektischen trochäischen Dimeters einen katalektischen daktylischen Trimeter als zweiten metrischen Satz ergänzend an. Die starke Ruhepause hinter dem ersten Theile der zusammengesetzten Reihe (dem trochäischen Dimeter) fällt wiederholt in dem Gedichte mit der grammatischen Satzpause zusammen; v. 12 enthält eine Diärese hinter der ersten trochäischen Thesis:

Horrida tempestas caelum contraxit et imbris,
Nivesque deducunt Jovem; nunc mare, nunc silvae
Threicio aquilone sonant: rapiamus, amici,
Occasionem de die, dumque virent genua
Et decet, obducta solvatur fronte senectus:
Tu vina Torquato move consule pressa meo etc.

In den lebensfrohen Sonnenglanz des hex. dact. will der katalekt'sche trochäische Dimeter seinen trüben, melancholischen Schatten werfen: ein neuer kräftiger Entschluss schüttelt mit dem katalektischen daktylischen Trimeter die Sorgen wieder ab und eilt frohen Schrittes

weiter zur nächsten daktylischen Periode. Da(s)
eigenartige Spiel mit Formen und Empfindung(en)
Dichter nicht zum zweiten Mal desselbigen Weg
wir theilen seine Empfindung.

§ 28.

XI. Das dritte Archilochische Dist(ichon)

$\smile | -\smile -\smile | -\smile -\smile | -\smile \smile$
$-\smile\smile | -\smile\smile | \smile \| \smile | -\smile -\smile | -\,$

beginnt statt des hex. dact. in der ersten Rei(he)
Anakrusis die einfache Periode des katalektisch(en)
trochaicus, woran sich als zweite metrische Pe(riode)
ständig (mit dem Schluss der syllaba anceps
Hiatus) die umgekehrten Glieder der zusamm(engesetzten)
Reihe des zweiten Archilochischen Distichons a(nschliesst)
(Ep. 11):

Petti, nihil me sicut antea juvat
Scribere versiculos, amore percussum gra(viter)
Amore, qui me praeter omnis expetit
Mollibus in pueris aut in puellis urere.

Aus der melancholischen Liebesnoth (erste]
sich der Dichter zu erneuter dichterischer Prod(uction)
raffen (daktylisches Glied der zweiten Reihe),
sofort wieder (trochäisches Glied dieser Reihe)
Apathie des Sehnens und des Grämens zu vers(inken)

Unde expedire non amicorum queant
Libera consilia nec contumeliae graves.

Der Dichter, der auf dies schlaffe und er(müdete)
Distichon nicht wieder zurückgekommen ist, so
dichterischen Schaffen sich befreit aus den F(esseln)
Leidenschaft emporzuschwingen, und,

Wenn der Mensch in seiner Qual verstun(mmt)
Gibt ihm ein Gott zu sagen, was er leide(t).

Im trägen, entnervenden Genusse müsste auch der stärkste dichterische Simson die apollinische Haupteszier einbüssen.

§ 29.

XII. Das vierte Archilochische Distichon

$-\cup\cup\ |\ -\cup\cup\ |\ -\cup\cup\ |\ -\cup\cup\ ||\ -\cup-\cup\ |\ -\overline{\cup}$
$\cup\ |\ -\cup-\overline{\cup}\ |\ -\cup-\cup\ |\ -\overline{\cup}$

beschliesst die mit dem metrischen Satze des daktylischen Tetrameters beginnende einfache metrische Periode der ersten (zusammengesetzten) Reihe mit dem verkürzten Satze eines katalektischen trochäischen Dimeters (des sogen. Ithyphallikus), und schliesst hieran in der einfachen metrischen Periode der zweiten Reihe mittelst der Anakrusis den schweren, düsteren katalektischen trochäischen Trimeter, dessen zweiter und letzter Fuss, das Distichon abschliessend, regelmässig in einen Spondeus übergeht.

Das nur ein Mal gebrauchte Distichon hat Horaz (Carm. I, 4) paarweise zur tetrastichischen Strophe verwendet:

Solvitur acris hiems grata vice veris et favoni,
Trahunt siccas machinae carinas:
Ac neque jam stabulis gaudet pecus aut arator igni,
Nec prata canis albicant pruinis.

Dies Lied ist eine ganz eigenthümliche Schöpfung, eine Frühlingshymne, in der, dankerfüllt vom neuen Erwachen, der Natur, der erste Sänger in frohbewegten Daktylen den Jubelruf anstimmt: Solvitur acris hiems grata vice! in den die zweite Stimme (ohne alle Unterbrechung des rhythmischen Ganges) tiefer und bedächtig einfällt: veris et favoni! worauf, in dem damit gegebenen ernsteren Trochäus der zweiten Reihe die Stimmen im Duette die sinnige Betrachtung schliessen:

Trahuntque siccas machinae carinas.

Aus dem Tanze der Daktylen weist der bedächtige Ernst der Trochäen darauf hin, dass dereinst dem befreienden Frühling wieder die Erstarrung des Winters folgen wird, wie dem kurzen Frühlingsleben des heissblütigen Südländers die gefürchtete düstere Nacht des Plutonischen Reiches:

 Pallida mors aequo pulsat pede pauperum tabernas
  Regumque turris. O beate Sesti,
 Vitae summa brevis spem nos vetat inchoare longam:
  Jam te premet nox fabulaeque manes.

§ 30.

C. Gemischte rhythmische Reihen.

Aus der Verschmelzung wenigstens zweier Grundformen metrischer Füsse (Takte) innerhalb einer rhythmischen Reihe (von uns durch verdoppelten Taktstrich getrennt) entsteht die gemischte Reihe, und aus deren tetrastichischem Aufbau das höchste und vollendetste Kunstwerk der lyrischen Poesie: die gemischte Strophe.

Die Mischung der Taktverhältnisse innerhalb einer Reihe mit auf- oder absteigendem (geradem) Rhythmus gibt dem Vortrage einen eigenthümlichen, zwischen Vortrag und Gesang schwebenden Charakter, wie er durchaus der hohen Lyrik angemessen ist. Dieser Vortrag ist eben so sehr durch die Mischung von Jamben und Anapästen, wie von Trochäen und Daktylen gegeben; bei Horaz finden wir nur die letzteren zu gemischten Taktreihen verbunden.

Die Glieder dieser Horazischen trochäisch-daktylischen Logaöden, d. h. Rhythmen, die den rednerischen Vortrag (λόγος) mit dem dichterischen (musikalischen, ἀοιδή) verschmelzen, bauen ihre Reihen aus metrischen Abschnitten, Sätzen und Perioden auf, d. h. aus Dipodieen, Tripodieen und Pentapodieen. Je reicher die Glieder, je wechselnder und je mehr von der Form des Doppeldistichons sich befreiend ihre rhythmischen Reihen sich verschlingen, desto kunstreicher und vollendeter tritt uns der erhabene Bau der gemischten Strophe entgegen.

§ 31.

Die einfachste Grundform der trochäisch-daktylischen Logaöden ist der metrische Abschnitt der daktylisch-trochäischen Dipodie, der **Adonische Vers** genannt, nach dem Klagerufe der Adonislieder: ὢ τὸν Ἄδωνιν:

$$-\smile\smile\,|\,-\smile$$

Der erweiterte Abschnitt, die logaödische Tripodie oder der **Pherekratische Vers** besteht naturgemäss aus einem Daktylus und zwei Trochäen; je nach der Stellung des ersteren entsteht

1. das **erste Pherakrateion**: $-\smile\smile\,|\,-\smile-\smile$ oder
2. das **zweite Pherekrateion**: $-\smile\,|\,-\smile\smile\,|\,-\smile$

Der metrische Satz der Tetrapodie oder der **Glykoneische Vers** ist das Pherekrateion mit einem Trochäus als Anakrusis, die neben der rationalen Auflösung in den Tribrachys, um ihrer Stellung zu den gemischten Füssen des Verses willen, der irrationalen Nebenformen des Spondeus und Daktylus, wie der Umsetzung in den Jambus fähig ist. Da der Daktylus des Pherekrateion auch der glykoneischen Anakrusis vortreten kann, so ergeben sich die drei ersten Schemata des **ersten, zweiten und dritten Glykoneion**:

1. $-\smile\smile\,|\,-\smile-\smile\,|\,-\smile$
2. $-\smile\,|\,-\smile\smile\,|\,-\smile-\smile$
3. $-\smile-\smile\,|\,-\smile\smile\,|\,-\smile$

Tritt endlich die Anakrusis verdoppelt (als trochäische Dipodie) vor das Pherekrateion, so erhalten wir die Grundform der einfachen metrischen Periode der logaödischen Pentapodie oder das elfsylbige **Phalaikeion**:

$$-\smile-\smile\,|\,-\smile\smile\,|\,-\smile-\smile$$

Aus diesen Grundformen baut Horaz nach den Vorbildern der Griechen seine logaödischen daktylisch-trochäischen Reihen und Strophen auf.

§ 32.

Die Verbindung des katalektischen zweiten mit dem katalektischen ersten Pherekrateion (also zweier katalektischen Tripodieen) ergibt die metrische Periode der zweigliedrigen

XIII. kleineren Asklepiadeischen Reihe:

— — | — ◡ ◡ | — ‖ — ◡ ◡ | — ◡ ≍

Der kraftvolle Aufschwung des Vortrags lässt Horaz den ursprünglichen ersten Trochäus der Reihe stets durch den irrationalen Spondeus ersetzen. Die Bewegung der edlen logaödischen Reihe ist eine so in sich harmonische und dabei reich gegliederte, dass sie in der polystichischen Zusammensetzung zur tetrastichischen Strophe (Carm. I, 1) dem reichsten grammatischen Satzbaue und dem höchsten lyrischen Schwunge gerecht zu werden vermag. Eine distichische Verbindung leitet in diesem Gedichte den Strophenbau ein, wie sie ihn auch harmonisch schliesst:

Maecenas, atavis edite regibus,
O et praesidium et dulce decus meum!

— — —

Me doctarum hederae praemia frontium
Dis miscent superis, me gelidum nemus
Nympharumque leves cum satyris chori
Secernunt populo: si neque tibias
Euterpe cohibet, nec Polyhymnia
Lesboum refugit tendere barbiton.

Quod si me lyricis vatibus inseres,
Sublimi feriam sidera vertice.

Das sind nicht mehr die wechselnden, tastenden Stimmungen und Rhythmen des Talentes, das in verborgener Stille seine Flügel versucht: das ist die volle Majestät des gereiften Genius, und dem Dircäischen ebenbürtig segelt der Venusinische Schwan dahin durch das Luftmeer des Wohllauts und schaut in seliger Ruhe das kaiserliche Rom zu seinen Füssen.

Der Dichter ist es sich stolz bewusst (Carm. IV, 8), dass auch ein Achill seines Homer nicht zu entbehren vermag:

> Virtus et favor et lingua potentium
> Vatum divitibus consecrat insulis.
> Caelo musa beat: sic Jovis interest
> Optatis epulis impiger Hercules.

und im edlen Selbstgefühl (Carm III, 30) darf er es ausrufen:

> Exegi monumentum aere perennius
> Regalique situ pyramidum altius:
> — — —
> Non omnis moriar:
> — — — sume superbiam
> Quaesitam meritis, et mihi Delphica
> Lauro cinge volens, Melpomene, comam.

§ 33.

Die Einschiebung der katalektischen Adonischen Dipodie in die Glieder der kleineren Asklepiadeischen Reihe lässt als erweiterte metrische Periode

XIV. die grössere Asklepiadeische Reihe erstehen:

$$- - \mid - \smile \smile \mid - \parallel - \smile \smile \mid - \parallel - \smile \smile \mid - \smile \simeq$$

in der der katalektische Adonische Vers mit leise erhobenem Finger mahnt, der Weisheit des gereiften Meisters

und seiner zum massvollen Genuss ermunternd(
krateen das Ohr nicht zu verschliessen. Aus d
leren metrischen Periode erbaut sich polysticl
tetrastichische Strophe (Carm. I, 11):

Tu ne quaesieris — scire nefas! — quem mihi,
Finem di dederint, Leuconoe, nec Babylonios
Tentaris numeros. Ut melius, quidquid erit, p
Seu plures hiemes, seu tribuit Jupiter ultimam

Wer nicht liebt Wein, Weib, Gesang, ist
seliger Geselle; aber wer nicht Mass zu halten \
schafft sich schweres Leid (Carm. I, 18):

Ac ne quis modici transiliat munera Liberi,
Centaurea monet cum Lapithis rixa super mer

§ 34.

Ihren Reichthum und Wohllaut finden di
Asklepiadeischen Reihen (die grössere, wie die
in sich selber, in der tripodischen und dipodisc
derung ihrer rhythmischen Reihe. Ihre Verwei
Gedichte ist eine rein polystichische, und ihre Z
stellung in tetrastichischen Strophen wesentlich 1
die Gliederung des Gedankens und des gram
Satzbaues bestimmt.

Eine gleiche Zusammenstellung aus gleicher
erfährt das paarweise (in ungleichen Reihen) z
gesetzte Asklepiadeische und Sapphische Distich

XV. Das Asklepiadeische Distichon

$$-- \mid -\smile\smile \mid -\smile\overset{\smile}{=}$$
$$-- \mid -\smile\smile \mid - \parallel -\smile\smile \mid -\smile\overset{\smile}{=}$$

lässt die Tetrapodie des katalektischen zweiten G
der kleineren Asklepiadeischen Reihe vorange
bildet so durch die Zusammenstellung einer selt
und einer unselbständigen rhythmischen Reihe

terter metrischer Periode die erste Grundform des Distichons der gemischten Reihen, das Horaz paarweise zur tetrastichischen Strophe (Carm. I, 3) verbindet:

>Sic te diva potens Cypri,
>Sic fratres Helenae, lucida sidera,
>Ventorumque regat pater,
>Obstrictis aliis praeter Japyga,

>Navis, quae tibi creditum
>Debes Virgilium: finibus Atticis
>Reddas incolumem, precor,
>Et serves animae dimidium meae.

Wie die Distichen der einfachen und zusammengesetzten, sind auch die der gemischten Reihen trefflich geeignet, sich einem reich gegliederten grammatischen Satzbau als rhythmische Träger anzubequemen, und die schöne Verbindung von Wohllaut und Gedankenfülle ist ihr eigenstes Gepräge:

>Nil mortalibus ardui est:
>Caelum ipsum petimus stultitia, neque
>Per nostrum patimur scelus
>Iracunda Jovem ponere fulmina.

Und auch dem Pathos der Leidenschaft entströmt (Carm. I, 13) der beredte Zauberklang:

>Uror, seu tibi candidos
>Turparunt umeros immodicae mero
>Rixae, sive puer furens
>Impressit memorem dente labris notam.

Eine ganze Reihe von Liedern in dieser Form trägt das Gepräge von Horazens Meisterschaft über Satzbau und Rhythmus.

§ 35.

XVI. Im Sapphischen Distichon

$$-\smile\smile\ |\ -\smile -\overset{\smile}{-}$$
$$-\smile --\ |\ -\smile\smile\ |\ -\ \|\ -\smile\smile\ |\ -\smile -\overset{\smile}{-}$$

präludirt die Tripodie des ersten Pherekrateion der vollen zweigliedrigen metrischen Periode der Tetrapodie des katalektischen dritten Glykoneion, verbunden mit der Tripodie des wiederholten ersten Pherekrateion Nur ein Mal (Carm. I, 8) hat sich Horaz dieser distichischen Form, der schematischen Umsetzung des Asklepiadeischen Distichons, bedient:

> Lydia, dic per omnis
> Te deos oro, Sybarin cur properes amando
> Perdere, cur apricum
> Oderit campum, patiens pulveris atque solis?

Wunderbar! In beiderlei Distichen finden sich die gleichen Grundformen der Glieder: aber wie beflügelt schwingt sich Gedanke und Rhythmus im Asklepiadeischen Distichon empor, und wie stocken beide in dem Sapphischen, beim Uebergange von der Glykoneischen Tetrapodie zur Pherekrateischen Tripodie. Ohe, jam satis est!

§ 36.

Von der monostichisch-polystichischen und der distichisch-polystichischen Verwendung gemischter Reihen steigen wir allmälig zu ihrem Aufbau in der ächten tetrastichischen Strophe auf, der höchsten Leistung metrischer Formvollendung. Es sind dies die beiden Asklepiadeischen, die Sapphische und die Alcäische Strophe.

XVII. Die erste Asklepiadeische Strophe

$$--\ |\ -\smile\smile\ |\ -\ \|\ -\smile\smile\ |\ -\smile\overset{\smile}{-}$$
$$--\ |\ -\smile\smile\ |\ -\ \|\ -\smile\smile\ |\ -\smile\overset{\smile}{-}$$
$$--\ |\ -\smile\smile\ |\ -\ \|\ -\smile\smile\ |\ -\smile\overset{\smile}{-}$$
$$--\ |\ -\smile\smile\ |\ -\smile\overset{\smile}{-}$$

beschliesst die tristichisch zusammengesetzte kleinere Asklepiadeische Reihe mit dem ernsten und volleren Kolon des katalektischen zweiten Glykoneion (Carm. I. 6 und — mit ganz ähnlichem Gedankengange — II, 12):

> Scriberis Vario fortis et hostium
> Victor Maeonii carminis alite,
> Quem rem cumque ferox navibus aut equis
> Miles te duce gesserit.
>
> — — —
>
> Nos convivia, nos proelia virginum
> Sectis in juvenes unguibus acrium
> Cantamus, vacui, sive quid urimur,
> Non praeter solitum leves.

Die Tetrapodie des zweiten Glykoneion gewährt den majestätischen Asklepiadeischen Reihen den ächten strophischen Abschluss, wie wir ihn in dem Abrunden längerer rhythmischer Reihen durch ein mehr oder weniger kurzes Kolon finden.

Oft und gerne kehrte Horaz (Carm. I, 15. 24. 33. II, 12. III, 10. 16. IV, 5. 12) zurück zu diesen stolzen und zugleich so melodisch sich rundenden Strophen. Da tönt aus dem Munde des Meeresgottes dem Weibergünstlinge Paris der warnende Zuruf (Carm. I, 15):

> Pastor cum traheret per freta navibus
> Idaeis Helenen perfidus hospitam,
> Ingrato celeres obruit otio
> Ventos, ut caneret fera
> Nereus fata etc.,

da erschallt die ernste und zugleich tröstende Todtenklage (I, 24), warnt die weise Mahnung (III, 16) zur Selbstbeschränkung im goldhungrigen Zeitalter, preist die Sehnsucht eines müde gewordenen Geschlechtes den mächtigen Kaiser (IV, 5), der im gesegneten Frieden die goldene Zeit erneuert: da tröstet aber auch der Freund den Freund im Liebesleid (I, 33), erhebt im Ständchen der römische Don Juan seine melodische Bitte um Einlass, und versammelt die ersehnte Wiederkehr des Frühlings (IV, 12) den fröhlichen Freundeskreis zur Becherlust. Zum Ernst, wie zum Scherz stimmt gleich schön des Liedes melodischer Wohlklang.

§ 37.

XVIII. Die zweite Alklepiadeische Strophe

$$-- \mid -\smile\smile \mid - \parallel -\smile\smile \mid -\smile\overset{\smile}{-}$$
$$-- \mid -\smile\smile \mid - \parallel -\smile\smile \mid -\smile\overset{\smile}{-}$$
$$-- \mid -\smile\smile \mid -\overset{\smile}{-}$$
$$-- \mid -\smile\smile \mid -\smile\overset{\smile}{-}$$

verkürzt die erste um ein volles Kolon, indem sie statt der dritten Wiederholung der kleineren Asklepiadeischen Reihe die Tripodie des zweiten Pherekrateion einschiebt (Carm. I, 14):

> O navis, referent in mare te novi
> Fluctus? O quid agis? Fortiter occupa
> Portum! Nonne vides, ut
> Nudum remigio latus
>
> Et malus celeri saucius Africo,
> Antemnaeque gemunt ac sine funibus
> Vix durare carinae
> Possunt imperiosius
>
> Aequor! — —.

so tönt die Klage des Dichters, der das gefährdete Staatsschiff von Neuem Wind und Wellen preisgegeben sieht. Unruhiger erscheint die um ein volles Glied verkürzte Strophe und unharmonischer, indem das kräftigere Glykoneion dem Pherekrateion nachfolgt. Das weiss der Meister, und er lässt den unruhigen rhythmischen Gang im reich gegliederten grammatischen Satzbau hinübergreifen von Strophe zu Strophe mit kraftvoll vertheilten Diäresen.

So schmiedet der einheitliche, syntaktische Bau die unruhigen Glieder zur höheren Einheit des Gedankens zusammen, der, in den pherekratischen und glykoneischen Einzelgliedern vorwärts drängend, in den zahlreichen Diäresen und Cäsuren und in den beiden Asklepiadeischen Reihen seine Ruhepunkte findet.

So stimmt die unruhig-bewegte Strophe zur Fürbitte wider Krieg und Pestilenz (I, 21) und zum Preise des geschwätzig-schnellen heimathlichen Quells (III, 13), wie zum unerschöpflichen Born quellender Lieder: dem Liebesleide (I, 5. 23. III, 7. IV, 13):

Vitas hinnuleo me similis, Chloe,
Quaerenti pavidam montibus aviis
Matrem non sine vano
Aurarum et silvae metu.

§ 38.

XIX. In der Sapphischen Strophe

$-\cup--\,|\,-\cup\cup\,|\,-\cup-\overline{\cup}$
$-\cup--\,|\,-\cup\cup\,|\,-\cup-\overline{\cup}$
$-\cup--\,|\,-\cup\cup\,|\,-\cup-\overline{\cup}$
$-\cup\cup\,|\,-\overline{\cup}$

bewegt sich durch drei Reihen das gemessene, ernst-fröhliche elfsylbige Phalaikeion, und lässt im Adonischen Verse beruhigt den Springquell wieder auf die glatte, friedliche Wasserfläche zurücksinken (Carm. I, 2):

Jam satis terris nivis atque dirae
Grandinis misit pater, et rubente
Dextera sacras jaculatus arces
Terruit urbem.

— — —

Serus in caelum redeas diuque
Laetus intersis populo Quirini,
Neve te nostris vitiis iniquum
Ocior aura

Tollat. Hic magnos potius triumphos,
Hic ames dici pater atque princeps,
Neu sinas Medos equitare inultos
Te duce, Caesar.

Kein strophischer Bau kömmt dem Sapphischen gleich in sanfter, gehaltener Bewegung, innigster Verschmelzung der Takte, befriedigtem Fall des vollen Wohllautstromes. Trefflich stimmt ihr erhaben ruhiger Gang zum Weihe.liede des gottbegnadigten Sehers (Carm. sec.):

> Phoebe silvarumque potens Diana,
> Lucidum caeli decus, a colendi
> Semper et culti, date quae precamur
> Tempore sacro!

zum Lobgesange auf Götter (Carm. I, 10. 30. III, 18. 22. IV, 6) und zum Preise der Helden (I, 12. III, 14. IV, 2), wie zum frommen Ernste, zum fröhlichen Genusse des Lebens (I, 20. 22. 32. 38. II, 6. 10. 16. III, 8, IV, 11) und zu den Klängen der Liebe (I, 25. II, 8. III, 11. 20. 27).

§ 39.

XX. Die Alcäische Strophe

$$\bar{\smile} \mid -\smile-\bar{\smile} \mid -\smile\smile \mid -\smile\bar{\smile}$$
$$\bar{\smile} \mid -\smile-\bar{\smile} \mid -\smile\smile \mid -\smile\bar{\smile}$$
$$\bar{\smile} \mid -\smile-\bar{\smile} \mid -\smile-\bar{\smile}$$
$$-\smile\smile \mid -\smile\smile \mid -\smile-\bar{\smile}$$

gibt den zwei ersten Reihen der Sapphischen durch den kräftigen Auftakt und die dadurch bedingte Katalexis bereits einen ganz veränderten Charakter. An die Stelle der dritten Sapphischen Reihe tritt unter voraneilender Anakrusis ein ernster Dimeter trochaicus, und mit erneutem Aufschwunge schliesst die verdoppelte daktylisch-trochäische Dipodie des Adonius den prächtigen Strophenbau ab (Carm. I, 35):

O diva, gratum quae regis Antium,
Praesens vel imo tollere de gradu,
Mortale corpus, vel superbos
Vertere funeribus triumphos!

Serves iturum Caesarem in ultimos
Orbis Britannos, et juvenum recens
Examen Eois timendum
Partibus Oceanoque rubro.

Wohl steht die Alcäische Strophe hinter der Sapphischen zurück an harmonischer Lieblichkeit: aber kraftvoller und erhabener rollt in ihr der breit hervorbrechende Strom des Wohllauts, und mit stets erneutem Wohlgefallen (37 Mal) wiegt sich der Venusinische Schwan im herrlichen Spiel ihrer Rhythmen. Bald sind es die hohen Stoffe der Religion, der Politik und der dichterischen Weihe, denen er diese Strophen widmet (Carm. II, 1. 13. 19. 20. III, 1. 4. 5. 6. 23. IV, 4. 9. 14. 15); bald gelangt Weisheit, Freundschaft und behaglicher Lebensgenuss in ihnen zum verklärten Ausdruck (I, 9. 17. 26. 27. 29. 31. 34. 37. II, 3. 7. 11. 14. 15. 17. III, 2. 3. 17. 21. 23. 29), bald das nie ausgesungene Lied von der Liebe Lust und Leid (I, 16. II, 5. 9. III, 26). —

Uebersicht
des metrischen Systems

A. Einfache rhythmische Reihen.
  a. Daktylische Reihen.
    I. Der hexameter dactylicus.
    II. Erstes Archilochisches Distichon.
    III. Alkmanisches Distichon.
  b. Jambische Reihen.
    IV. Der trimeter jambicus.
    V. Jambisches Distichon.
    VI. Jonicus a minore.
  c. Trochäische Reihen.
    VII. Hipponakteische Strophe.
B. Zusammengesetzte daktylische und trochäische Reihen.
    VIII. Erstes pythiambisches Distichon.
    IX. Zweites pythiambisches Distichon.
    X. Zweites Archilochisches Distichon.
    XI. Drittes Archilochisches Distichon.
    XII. Viertes Archilochisches Distichon.
C. Gemischte rhythmische Reihen.
    XIII. Kleinere Asklepiadeische Reihe.
    XIV. Grössere Asklepiadeische Reihe.
    XV. Asklepiadeisches Distichon.
    XVI. Sapphisches Distichon.
    XVII. Erste Asklepiadeische Strophe.
    XVIII. Zweite Asklepiadeische Strophe.
    XIX. Sapphische Strophe.
    XX. Alcäische Strophe.

Uebersicht
der Gedichte und Versmasse.

Erstes Buch der Oden.

1. (XIII.)	11. (XIV.)	21. (XVIII.)	31. (XX.)
2. (XIX.)	12. (XIX.)	22. (XIX.)	32. (XIX.)
3. (XV.)	13. (XV.)	23. (XVIII.)	33. (XVII.)
4. (XII.)	14. (XVIII.)	24. (XVII.)	34. (XX.)
5. (XVIII.)	15. (XVII.)	25. (XIX.)	35. (XX.)
6. (XVII.)	16. (XX.)	26. (XX.)	36. (XV.)
7. (III.)	17. (XX.)	27. (XX.)	37. (XX.)
8. (XVI.)	18. (XIV.)	28. (III.)	38. (XIX.)
9. (XX.)	19. (XV.)	29. (XX.)	
10. (XIX.)	20. (XIX.)	30. (XIX.)	

Zweites Buch der Oden.

1. (XX.)	6. (XIX.)	11. (XX.)	16. (XIX.)
2. (XIX.)	7. (XX.)	12. (XVII.)	17. (XX.)
3. (XX.)	8. (XIX.)	13. (XX.)	18. (VII.)
4. (XIX.)	9. (XX.)	14. (XX.)	19. (XX.)
5. (XX.)	10. (XIX.)	15. (XX.)	20. (XX.)

Drittes Buch der Oden.

1. (XX.)	9. (XV.)	17. (XX.)	25. (XV.)
2. (XX.)	10. (XVII.)	18. (XIX.)	26. (XX.)
3. (XX.)	11. (XIX.)	19. (XV.)	27. (XIX.)
4. (XX.)	12. (VI.)	20. (XIX.)	28. (XV.)
5. (XX.)	13. (XVIII.)	21. (XX.)	29. (XX.)
6. (XX.)	14. XIX.)	22. (XIX.)	30. (XIII.)
7 (XVIII.)	15. (XV.)	23. (XX.)	
8. (XIX.)	16. (XVII.)	24. (XV.)	

Viertes Buch der Oden.

1. (XV.)	5. (XVII.)	9. (XX.)	13. (XVIII.)
2. (XIX.)	6. (XIX.)	10. (XIV.)	14. (XX.)
3. (XV.)	7. (II.)	11. (XIX.)	15. (XX.)
4. (XX.)	8. (XIII.)	12. (XVII.)	

Carmen saeculare. (XIX.)

Buch der Epoden.

1. (V.)	6. (V.)	10. (V.)	14. (VIII.)
2. (V.)	7. (V.)	11. (XI.)	15. (VIII.)
3. (V.)	8. (V.)	12. (III.)	16. (IX.)
4. (V.)	9. (V.)	13. (X.)	17. (IV.)
5. (V.)			

Zwei Bücher der Satiren. (I.)

Zwei Bücher der Episteln. (I.)